AF314040

BAYONNE

SON PASSÉ. — SON AVENIR.

PAR

HENRY LÉON.

———

BAYONNE,

IMPRIMERIE ET LITH. DE P. LESPÉS, RUE CHEGARAY, 12.

—

1866.

J'adresse à mes concitoyens ces quelques pages, résultat de mes préoccupations pour ma ville natale.

Le bon grain reste longtemps sous terre avant de germer et de produire.

L'embryon qui se trouve dans l'œuf a besoin d'être plusieurs fois rechauffé avant de briser son enveloppe et de naître.

Je serais heureux que mon idée fût appréciée avec bienveillance et je réclame pour elle un accueil indulgent.

Septembre 1866.

BAYONNE

SON PASSÉ. — SON AVENIR.

I

Le temps qui marche, les générations qui se succèdent, les idées qui se régénèrent, les progrès qui se font dans les arts et dans les sciences, tout contribue à changer et à modifier la surface du monde. Les villes aussi, comme toutes choses, subissent des transformations successives et continuelles ; Bayonne lui-même n'a pas échappé à ce principe inébranlable qui veut que tout ce qui a commencé d'être se change, se modifie, ou se transforme avec les années et avec les siècles. Si, le prenant à son origine, nous le suivons jusqu'à nos jours, nous trouverons qu'il a passé dans la succession des temps par une multitude de phases diverses. Peu à peu la petite ville est devenue grande et jolie cité coquettement bâtie sur les rives de ses deux rivières, l'Adour et la Nive.

De tous temps Bayonne a eu par sa position au fond du golfe de Gascogne et aux pieds des Pyrénées une importance réelle comme port maritime, comme ville commerciale et comme place de guerre. L'accroissement de Biarritz depuis la création des Chemins de fer, et aussi, depuis qu'une auguste faveur en a fait un séjour privilégié, le développement de St-Jean-de-Luz comme ville de bains devenu presqu'un de ses faubourgs par l'effet de la rapidité des communications, la proximité de Cambo et des montagnes offrant à ses côtés les ravissants paysages de la Suisse et les émouvants spectacles des grandes Pyrénées, ses environs charmants, remarquables tous par la variété de leurs sites, curieux par leurs souvenirs historiques, tout cela appelle Bayonne à un nouvel avenir qui commence déjà, mais dont le progrès se fait trop lentement. Bayonne doit être un jour Ville de Plaisance.

Toutefois, pour y arriver, il faut qu'il s'agrandisse encore et puisse offrir à l'étranger qui voudrait venir s'y fixer, non des demeures ou des logements, mais des habitations agréables, des villas indépendantes où chaque famille pourra vivre à sa guise, au milieu des prairies et des ombrages frais, parmi les fleurs des jardins ou les fruits des vergers.

Or, Bayonne ne s'agrandira que lorsqu'on aura reculé quelques-unes des fortifications qui, sans utilité démontrée, l'étreignent dans une ceinture de pierre. Il ne prendra son essor vers la nouvelle destinée qui lui est promise que lorsqu'il pourra s'étendre à son aise dans ces champs encore soumis à la loi sévère du Génie Militaire.

Bayonne doit donc diriger tous ses efforts vers ce but, et il ne saurait s'y prendre trop à l'avance, car la lutte, on le sait, est lente et difficile lorsqu'il s'agit de renverser tout un système auquel de nombreuses années d'existence ont donné des racines profondes, lorsqu'il faut combattre avec les armes de la paix contre un corps dont le seul travail est d'édifier et de construire en prévision de la guerre.

Tant que Bayonne florissait par sa marine et son commerce, tant que ses habitants pouvaient trouver dans les divers rameaux de ces deux branches lucratives une existence dont la prospérité était croissante, la préoccupation de son avenir devait paraître inutile et imaginaire. Maintenant que ces deux éléments de travail et de richesse sont à peu près évanouis, il est important de chercher à les remplacer, et personne aujourd'hui ne peut en nier la nécessité.

Il y a donc lieu, pour atteindre un but qui sera la vie et l'avenir de cette cité, de donner un commencement aux tentatives qui doivent conduire à la réussite. Il ne faut pas se faire illusion sur la longueur de la route à parcourir et penser que les difficultés dont elle est hérissée soient faciles à applanir; mais plus tôt le premier jalon qui doit guider la marche aura été planté, plus tôt on aura franchi l'entrée. Peut-être alors on reconnaîtra qu'il y avait moins de peines et de labeurs qu'on ne se l'était imaginé.

Le décret du 25 mai dernier qui vient de déclasser plusieurs villes de guerre, et qui d'un seul coup de plume a renversé des remparts et des châteaux capables de résister longtemps encore au feu des canons, est d'un bon augure pour le déclassement de certaines des fortifications de Bayonne et l'éloignement de quelques-unes de ses murailles. Ce décret, motivé par les réclamations de quelques villes en souffrance, et dû surtout à la sollicitude éclairée du chef de l'Etat, a créé un précédent qui, pour Bayonne, doit servir de point de départ.

Une ville étrangère, Saint-Sébastien, à peu près identiquement placée au point de vue stratégique, a vu, il y a un an à peine, ses murailles entières tomber comme par enchantement, et à leur place, s'élever une ville nouvelle. Ce bienfait s'est immédiatement fait sentir et il présage un développement très grand, comme ville d'été et comme ville de bains, à cette cité Espagnole qui se voyait jusqu'ici arrêtée dans ses aspirations par les rigueurs des zônes militaires. Le commerce lui-même, déjà florissant depuis quelques années, espère trouver dans ce changement heureux, de nouveaux éléments pour sa prospérité.

Encouragé par des exemples, aidé du bon droit, de la raison et aussi de la faveur qui le protége, il est nécessaire que Bayonne cherche à obtenir ce qui est pour son avenir d'une urgence 'marquée. Il ne doit rien négliger pour qu'on puisse l'entendre et, s'il n'était que faiblement écouté, il ne faut point qu'il se décourage ; il doit faire comme la goutte d'eau qui, frappant chaque jour le rocher, finit par le creuser et le traverser.

II

Bayonne a toujours été, depuis les temps les plus reculés jusqu'à ce jour, une ville essentiellement commerciale et maritime. Déjà, lorsque cette cité et toute la contrée qui en dépendait appartenait aux Anglais, le port de Bayonne avait une importance très grande par son commerce extérieur. C'était dans ses entrepôts que venaient aboutir les produits d'Outre-Mer et du Nord de l'Europe pour être déversés dans les pays voisins ou livrés en échange aux contrées étrangères. Incorporé à la France sous le règne de Charles VII (21 juillet 1451), il conserva ce monopole qui avait été dévolu à sa position exceptionnelle dans le golfe de Gascogne, et à l'intelligence commerçante de sa population. Il n'était aucune branche de commerce qui ne fût l'objet d'un mouvement important, et l'on vit aborder à ses quais les navires de tous les pays apportant les cacaos, les sucres, les épices, les teintures, les laines, les peaux, les toiles, les matières d'or et d'argent. Les navires qui y déposaient tous ces produits, emportaient en retour les huiles de morue et de baleine, les vins et eaux-de-vie, les matières résineuses, les liéges, les cires, les jambons, les tabacs, les poudres, les tissus divers. De là, s'était établi un échange continuel d'espèces monnayées de tous les pays, de traites et billets de toutes les nations. Ce commerce n'était pas le moins important, car Bayonne était le point où venaient de toute la France converger les transactions de ce genre, et Paris et Bordeaux correspondaient activement avec Bayonne où l'on pouvait trouver à prendre ou à donner des traites sur toutes les places importantes de l'Europe. Les florins de Hollande, les reis de Portugal, les marcs de Hambourg, les piastres et les quadruples d'Espagne, les livres et les guinées d'Angleterre y étaient aussi courants que les livres et les écus de France.

Le commerce de Bayonne fut soumis à des vicissitudes diverses. On le retrouve suivant les circonstances moins actif ou plus florissant, mais toujours il se releva protégé par les gouvernements des divers règnes. La génération qui peu à peu va en s'éteignant, n'a pas oublié cet état prospère du port et de la ville de Bayonne, et la génération actuelle peut se rappeler l'activité commerciale qui y régnait encore jusqu'au moment où la fin de la guerre civile en Espagne (1839) est venu marquer l'heure de sa dernière décadence.

Il existait encore au commencement de ce siècle quelques-uns de ces marins intrépides qui, suivant l'exemple de leurs devanciers, allèrent dans les mers lointaines disputer aux baleines le royaume des eaux. Le souvenir de ces excursions périlleuses n'est pas effacé de la tradition, et il est constaté dans l'histoire que ce fut de Bayonne que partirent les premières expéditions pour cette pêche aujourd'hui ignorée.

La pêche de la morue prit également naissance à Bayonne, et pendant longtemps elle y fut exploitée d'une manière exclusive. Il y a quelques années encore, elle y avait conservé une certaine importance. Les habitants actuels peuvent facilement se souvenir de ces nombreux navires, non seulement de Bayonne même, mais aussi des ports étrangers, qui, après une excursion plus ou moins pénible, venaient y rapporter le produit de leur pêche, ramener leurs équipages au repos, réparer les dégâts causés par les intempéries des saisons ou la fureur des flots, pour, quelques mois après, remettre à la voile et tenter de nouveau les chances de la fortune.

C'est de Bayonne aussi que partirent les premières expéditions pour Montévidéo et Buenos-Ayres, cette nouvelle patrie de nos Basques vigoureux. Tout en reconnaissant, au point de vue général, le mauvais côté de ces expéditions qui favorisèrent l'émigration et privèrent les champs de bras nombreux, si utiles à l'agriculture, on ne peut nier qu'elles favorisèrent le mouvement commercial et maritime de ce port. Il y a à peine quelques années, de forts et fins voiliers emportaient encore aux cris mille fois répétés de leurs nombreux passagers, cette population d'émigrants s'expatriant avec joie pour aller au-delà des mers, pleins d'espoir et de courage, chercher le travail et la richesse. Ces vaisseaux commandés par des enfants du pays, montés par des marins du pays, semblaient fiers de porter dans leurs flancs cette jeunesse ardente qui, arrivée sur le sol hospitalier de la terre étrangère, se souvenait avec orgueil de la terre natale pour y entretenir des relations commerciales ou y renvoyer en produits de la nouvelle patrie le résultat de leurs échanges, ou le bénéfice de leur travail.

Bayonne fut un des principaux chantiers de constructions pour la marine, et le gouvernément de l'Etat l'avait jugé tel en établissant un Arsenal Maritime pour la construction des transports et des vaisseaux de guerre. En effet aucun port n'était mieux placé pour cette industrie. Les ouvriers, stimulés par la continuation d'un mouvement maritime considérable, avaient acquis le goût et l'adresse de leur métier; la vie était à bon marché, et ils pouvaient donner leur travail sans exiger des salaires exagérés. Les bois coupés dans les forêts qui avoisinent les Pyrénées et les Landes descendaient naturellement jusqu'aux pieds des chantiers. Les constructeurs intelligents et capables, toujours en contact avec la marine étrangère cherchaient à rivaliser dans leurs œuvres avec les autres nations. Aussi les constructions navales avaient-elles pris le plus grand essor. De tous côtés, sur les rives de l'Adour, s'étaient élevés des chantiers importants, continuellement en activité. On y construisait non seulement pour les armateurs du pays, mais aussi pour ceux des grands ports de France, car on savait trouver à Bayonne de bons et beaux navires à prix modérés.

De toute cette activité commerciale et maritime qu'est-il resté? Hélas! bien peu ou presque rien...........

La pêche de la baleine qui avait formé ces brillants et vigoureux marins dont les noms sont inscrits sur les pages des annales maritimes de la contrée, a depuis longtemps disparu. Les dernières expéditions ont été faites en 1765.

La pêche de la morue a eu une durée plus longue, et quoiqu'elle soit encore dans d'autres ports un élément important pour la navigation, on peut dire que depuis quelques années elle n'existe plus pour Bayonne. C'est en vain que quelques maisons, après avoir prospéré dans cette industrie, ont voulu lutter contre la tendance malheureuse qui enlevait à leur port cette branche de commerce.

Les expéditions pour la Plata qui, il y a peu d'années, étaient encore en pleine activité, perdent chaque jour de leur importance, tandis que la nature des affaires de ces colonies aurait dû au contraire les augmenter progressivement. Elles devront bientôt être abandonnées. Les armateurs ne trouvant plus ces éléments de transport pour l'aller et le retour, nés d'un échange facile des produits, ont été les réclamer à des ports plus heureux, tels que Bordeaux le Havre et Marseille. C'est de là qu'ils dirigent leurs navires. Les émigrants, grâce aux avantages des Chemins de fer, vont s'embarquer dans ces ports éloignés avec la même facilité qu'autrefois ils le faisaient de Bayonne.

Le commerce étranger a disparu avec celui des denrées coloniales, des tissus et des laines, et les nombreux navires qui apportaient de toutes les contrées d'Amérique et d'Europe ces produits de toute sorte, vont ailleurs débarquer leurs riches cargaisons. Ils ne trouvent plus dans le port de Bayonne ces facilités de débouché qui ne sont données aujourd'hui qu'aux grands ports maritimes, qu'aux grandes places de commerce devenues les centres des nombreux rayons par où viennent se déverser les différents produits de la France en échange des produits étrangers né-cessaires à sa population agricole et industrielle.

Les constructions navales depuis longtemps diminuaient chaque année d'importance. Elles ont subi les conséquences de la disparition du commerce maritime et étranger. On peut les considérer à peu près nulles.

L'Etat, par suite des perfectionnements apportés dans l'art de la construction, par suite de nouvelles découvertes ou de nouvelles applications de la science venant modifier les règles de la navigation, en présence aussi des progrès de la vapeur ce nouvel élément de force et de locomotion, l'Etat a cru devoir maintenir dans certains ports plus privilégiés que Bayonne, la centralisation de ses ateliers de construction. Les tentatives pour conserver l'arsenal de la marine et lui rendre sinon son ancienne splendeur, du moins une activité qui fut une ressource de travail pour les ouvriers du pays, prouvent par leurs résultats infructueux que tout espoir doit être à jamais perdu. Des considérations d'un ordre plus élevé semblent devoir empêcher l'Etat d'employer l'Arsenal de Marine pour ses constructions navales.

Resteraient alors les constructions particulières de commerce? Mais cette industrie est aussi en pleine décadence. Il ne se construit plus de vaisseaux de haut tonnage, et les rares petits navires, qui de temps en temps sont lancés de quelques chantiers qui végètent, ne peuvent attester la vie de cette branche industrielle. Il n'est donc plus permis d'espérer que dans l'avenir elle pourra reprendre un nouvel essor.

Les transports à peu de frais par de nombreux cours d'eau, des bois des Pyrénées et des forêts voisines, la vie encore à bon marché pour le travailleur devraient cependant offrir des avantages que l'on ne peut trouver dans les grands ports maritimes? Mais les facilités que donnent les Chemins de fer par des tarifs spéciaux, les ressources que procurent à l'ouvrier le travail des grandes villes et des grands chantiers où malgré les inconvénients d'une vie plus chère il est sûr de trouver un travail plus régulier et des salaires plus élevés, ont porté à cette industrie un coup fatal dont elle ne se relèvera pas. En outre, les éléments de construction ont changé.

Ce n'est plus le bois seulement qui fait le fond de la construction des navires, c'est le fer, soit seul, soit combiné avec le bois. Or, à Bayonne, les moyens de fabrication ne sont plus susceptibles de satisfaire à ces nouveaux perfectionnements ; il faut des machines, et ce port est malheureusement trop loin des divers établissements métallurgiques qui sont aujourd'hui le corollaire des chantiers de constructions navales. Ce sera donc toujours aux grands chantiers, ce sera aux grands ateliers que l'on ira désormais recourir, ces établissements étant seuls susceptibles de faire des constructions en rapport avec le degré d'élévation auquel est parvenu l'art de la navigation.

Et comme dans le commerce et dans l'industrie tout se lie, avec les constructions navales a disparu tout ce qui s'y rattachait : la fabrication des cordages, autrefois élément même de débouché pour les contrées étrangères et par suite de trafic avec les contrées du Nord, par l'importation des chanvres que les pays du Midi ne produisent pas ; la fabrication des chaînes et des ancres que l'on va réclamer à ces établissements métallurgiques spéciaux qui peuvent fournir avec plus d'avantage ce que Bayonne ne fabrique plus qu'accidentellement.

Il ne reste donc comme aliment au commerce maritime de Bayonne que : les échanges avec l'Angleterre de quelques charbons contre des grains, les importations d'avoine de la Bretagne pour les besoins seuls de la localité et des environs, les importations des minerais de fer de la Biscaye, les exportations de marchandises diverses pour l'Espagne dont les bois de pins forment la partie la plus importante, les bois des Pyrénées pour la marine, et ceux des Landes, les matières résineuses pour l'Angleterre et le Nord de l'Europe.

Le petit nombre de navires qui vient jeter l'ancre dans le port suffit à ce mouvement réduit des importations et des exportations. Or, si l'on considère à part chacun de ces éléments de trafic, on reconnaîtra facilement qu'ils sont insuffisants pour faire naître une activité réelle dans un port commercial.

Et encore chaque jour amène une décroissance visible dans ce semblant de mouvement du port de Bayonne! Car, si le total du tonnage a progressé dans le relevé annuel des entrées

et des sorties de navires, la somme des marchandises transportées n'offre qu'une valeur re-
lativement peu importante. Elle ne porte que sur
des marchandises d'un grand poids ou d'un
grand volume, et de pareilles marchandises ne
peuvent donner lieu à des transactions nombreuses et lucratives.

Le pays qui environne Bayonne, malgré tous
les dons que la nature a multipliés dans les
divers bassins formés par ses rivières et ses
cours d'eau, n'est pas un pays industriel. L'esprit
des populations, essentiellement agricole ou com-
merçant, s'y oppose. Aussi les houilles qui, pour
d'autres ports, sont d'un puissant secours dans
le mouvement de la navigation, ne deviendront
jamais l'objet d'une importance bien réelle, rien
ne faisant prévoir une plus grande extension
dans l'emploi de ce combustible.

Les grains que l'on pourrait exporter en échange
dans les années d'abondance ne peuvent être
qu'accidentellement un élément de commerce.
Ce trafic ne se fera sentir que dans les moments
de besoin et de disette à l'étranger ou dans le
Nord, les Chemins de fer pouvant dans les
temps ordinaires prendre ces produits dans cha-

que point important des stations agricoles pour les transporter là où leur débouché peut offrir le plus d'avantages et une réalisation facile, c'est-à-dire dans les grands marchés devenus désormais les seuls centres de transactions actives.

Les progrès de l'industrie en Espagne, l'amélioration des tarifs de douane, les facilités de locomotion et de transport offerts par les Chemins de fer, les faveurs accordées à ce genre de transport qui ne sont plus comme autrefois réservées exclusivement au pavillon Espagnol, sont des causes puissantes devant nécessairement amener la disparition de ce commerce d'entrepôt et de transit dont Bayonne s'était toujours occupé comme d'une spécialité dans ses rapports commerciaux avec l'Espagne. Les Chemins de fer dont les divers réseaux sillonnent déjà cette contrée, les améliorations acquises à ce pays malgré les luttes politiques incessantes qui l'agitent, et celles que la force du temps ne manquera pas d'y apporter, ne peuvent faire croire à la continuation pour Bayonne du débouché des quelques produits que l'Espagne vient encore y chercher.

Les bois pour la marine exploités dans les forêts des Pyrénées et des Landes viennent en partie comme autrefois, s'embarquer à Bayonne pour être dirigés vers les ports de constructions navales où leur emploi les appelle. Il est à espérer que ce sera longtemps un élément de frêt, la nature de ces bois ne permettant pas les frais des longs parcours sur terre.

Quant aux bois de pins, tant que l'Espagne ne pourra exploiter ses forêts, faute de routes dans ses montagnes, et qu'elle se trouvera ainsi gênée pour satisfaire par elle-même à cet essor de constructions qui a pris naissance depuis plusieurs années, on peut augurer que le débouché en restera ouvert. Toutefois, il n'est pas certain qu'un jour il ne puisse se détourner. Le Chemin de fer qui est venu de tout côté mettre un arrêt au développement de la petite navigation pour l'absorber un jour, ne pourra-t-il pas aussi éteindre ce seul élément de retour pour les petites barques qui apportent les minerais de la Biscaye? Et ces minerais eux-mêmes seront-ils continuellement réservés à la navigation? Ne trouvera-t-on pas, avec l'aide puissant de la mécanique, un moyen d'éluder la différence des deux voies ferrées Espagnole et Française, en appliquant un système facile de transbordement? Malheureusement cela est à prévoir, car les Compagnies cherchent à augmenter un trafic nécessaire à leur avenir et dernièrement on put voir des bois sortant des forêts limitrophes de Bayonne, convertis en traverses de Chemin de fer et destinés à la ligne de Madrid à l'Escurial, aller, parcourant la plus grande longueur du réseau du Midi, s'embarquer à Cette sur la Méditerranée, pour être ensuite transportés par voie d'eau à Alicante, et de là, par voie ferrée, jusqu'à Madrid ; en un mot, grâce à cette facilité de transport, faire presque le tour d'un cercle.

Les matières résineuses, produit exclusif des Landes, avaient de tous temps offert un débouché important au commerce d'exportation. On venait les chercher seulement à Bayonne ; cela est tellement vrai qu'elles ont conservé encore le nom de leur origine. Si l'on va en Hollande, en Allemagne, en France même, à Lyon ou à Marseille, lorsqu'on parlera des résines des Landes on dira *Résine de Bayonne*. Cette branche de commerce tend aussi à disparaître. Le

Chemin de fer l'entraîne vers Bordeaux, centre plus important et d'un trafic rendu plus actif par les avantages de transports plus prompts et plus faciles. Avec les changements apportés par l'électricité et la vapeur dans les relations commerciales, avec l'absence de toute possibilité de spéculation, conséquence naturelle des avis instantanés apportant les cours des divers produits dans les divers entrepôts, les transports lents ne sont plus acceptables. Il faut des moyens de remettre à jour fixe l'exécution des ordres reçus, et la navigation peut seule aujourd'hui offrir cet avantage. Or, la navigation à vapeur n'a la faculté d'exister que dans les ports véritablement commerçants; elle ne peut vivre que là où elle doit trouver dans l'activité des transactions un aliment sûr et rapide. De ce côté là Bayonne est complètement déshérité. Aussi, chaque jour amène une décroissance visible dans le commerce des résineux. Il arrivera inévitablement une époque où Bayonne n'en conservera que le souvenir et verra même disparaître son nom attaché à ce produit des Landes.

Pendant longtemps on a attribué la décadence du commerce à la Barre que les sables forment à certaines époques de l'année en s'accumulant à l'entrée de l'Adour. Comme une calomnie qui va courant le monde parce que personne ne veut se donner la peine de la raisonner et de la juger, cet inconvénient, il est vrai, a pu jeter quelque défaveur sur le port de Bayonne et accréditer sa mauvaise réputation ; mais pour les personnes qui refléchissent, elles savent que l'établissement d'un bateau remorqueur veillant sans cesse au salut des navires à leur entrée et à leur sortie, est venu réduire et presque effacer le nombre des sinistres qui se produisaient sur la Barre. De plus, les travaux entrepris sous les règnes passés, et surtout ceux qui se continuent de nos jours sous la direction d'ingénieurs habiles, ont progressivement augmenté le tirant d'eau et permis aux vaisseaux de haut tonnage d'affronter sans crainte l'entrée du fleuve. Ce motif de la Barre n'est donc plus qu'un prétexte. S'il pouvait être allégué autrefois, aujourd'hui il n'est plus admissible.

Bayonne, ville commerciale importante, port maritime des plus actifs aura donc vu peu à peu son mouvement commercial et maritime se modifier et décroître. Heureusement la transition a été lente et périodique. Rien ne fait présager qu'il puisse se relever de cette décadence et reprendre un rang marqué parmi les ports commerçants du littoral. Il doit dans la position pénible qui lui a été faite, se soumettre à la providence qui règle la destinée des hommes et des peuples. Mais toutefois il ne doit pas se laisser abattre, et après avoir perdu la place qu'il a occupée dans le commerce et dans la marine, il faut qu'il cherche à conquérir celle qui lui est assignée comme ville de Plaisance par sa situation naturelle aux pieds des montagnes et au bord de la mer. Là, il pourra encore trouver des éléments de richesse et de prospérité; là aussi il pourra se faire un nom, se faire une couronne, car il pourra y attacher comme les plus beaux fleurons Biarritz, Cambo, les Pyrénées et l'Océan.

III

La situation privilégiée de Bayonne l'a mis, dès son origine, au premier rang des villes de guerre. Placé à l'embouchure de l'Adour, au fond du golfe de Gascogne, aux pieds des Pyrénées, boulevard gigantesque qui de l'Océan à la Méditerranée, présente une barrière à l'Espagne, Bayonne est par terre et par mer l'entrée de la France dans la région du Sud-Ouest. Sa position particulière au bord de deux rivières, le plateau qui vers l'Ouest lui permet de dominer au loin sur l'entrée de l'Adour et sur les contreforts des Pyrénées Espagnoles, les hauteurs qui l'entourent au Nord et à l'Est formant comme des bastions avancés, créés par la nature, les vallons et les collines qui le protégent vers le Sud, sont autant de défenses dues aux faveurs de la Providence et dont on devra profiter pour la création de Bayonne comme place forte de 1re classe.

Aussi cette importance a été reconnue dès les temps les plus reculés, et les annales des diverses époques guerrières des gouvernements sous lesquels Bayonne a passé, alors qu'il faisait partie de la couronne d'Angleterre, comme au temps où il fut définitivement incorporé à la France, montrent qu'il prit une part active aux différents actes de l'histoire militaire de sa contrée.

Ses fortifications subirent non seulement des accroissements, mais aussi des changements nécessités par le développement successif de son commerce, de sa marine, de sa population, et imposés par les nouveaux perfectionnements apportés dans l'art de la guerre, entraînant avec eux de nouveaux besoins pour la défense.

Réduites d'abord à une simple enceinte flanquée de tours et dont il reste encore quelques vestiges dans la rue des Remparts, au Château-Vieux, devenu maintenant, au centre même de la ville, le logement des officiers et des bureaux de la Place, au Réduit, jugé depuis longtemps inutile et qui n'existerait plus s'il n'était utilisé comme caserne et le siége des bureaux et des logements du Génie, elles furent plus tard augmentées du Château-Neuf qui sert à l'Infanterie de caserne principale.

Vauban, en construisant la Citadelle, réforma l'ancien système de fortifications et le remplaça par l'enceinte continue qui commence au bord de l'Adour, près les Allées-Marines, et va, après avoir traversé la Nive, retrouver ce même fleuve en amont du pont Saint-Esprit, à l'entrée du faubourg Mousserolles.

Depuis, les plans de Vauban ont pu être modifiés, mais aucun changement n'a été apporté à son système. Le desséchement de l'étang qui alimentait le moulin de la ville, le renversement du rempart à l'extrémité de l'ancienne Place d'Armes, aujourd'hui rue du Gouvernement, la destruction du local servant de Bourse et de Salle de Spectacle et la construction du monument multiple qui a été édifié sur leur emplacement, ont amené la création des Casemates et de la nouvelle porte des Allées-Marines, du quai et de la grille de la Place d'Armes. Cette grille fut transportée plus tard aux Allées-Boufflers, lorsque le comblement des fossés qui bordaient la ville de ce côté là et l'ouverture d'une nouvelle voie donnant accès au quartier Mousserolles sont venus indiquer une fermeture sur les bords du fleuve, réunissant ainsi le Réduit à l'enceinte générale de la Place.

L'annexion de Saint-Esprit n'a été l'occasion d'aucune modification sur la partie de ce nouveau faubourg. Le Génie paraît s'être contenté du remblai de la voie ferrée qui, par sa courbe prolongée, a formé une nouvelle enceinte protégée par les feux de la Citadelle.

Bayonne, par suite de cette succession de travaux et de ceux faits à la Citadelle, augmentée de la Pièce noyée qui défend de ses batteries rasantes l'entrée du fleuve et du port, semblerait être l'une des plus fortes places de guerre, à l'abri de toute attaque, formidable dans la défense, si la création de nouveaux engins de guerre, si une nouvelle tactique imposée par les progrès de la science et les perfectionnements de toutes sortes, si enfin des exemples tirés de l'histoire même de Bayonne et récemment des nouvelles guerres qui se sont succédé, n'étaient venus se mettre en opposition avec le système actuel de ses fortifications.

C'est ici une question technique dans le cœur de laquelle il serait difficile d'entrer lorsqu'on n'a pas les connaissances nécessaires pour la discuter. Aussi, il y aurait de la présomption à vouloir la traiter à fond. Il n'est possible de l'aborder que dans ce que le simple raisonnement peut suggérer à une intelligence qui ne s'est jamais occupée de questions militaires

Or, lorsqu'on parle de fusils ayant une portée de 600 mètres ou tirant 4 à 5 coups par minute, lorsqu'on a l'expérience des canons rayés lançant des boulets au-delà de 3000 mètres et traversant de leurs projectiles coniques des épaisseurs énormes, peut-on supposer que des fortifications construites à l'époque où ces engins destructeurs n'étaient pas connus soient suffisantes pour résister, à un moment donné, à l'attaque d'un ennemi qui en serait pourvu? Le bouleversement causé par les armes à portée éloignée aurait bientôt fait justice de ces murailles créées en vue de projectiles ordinaires, et l'ardeur des soldats qui savent que la victoire n'appartient plus seulement au nombre, mais à la valeur et au courage, ne reculerait pas devant un assaut qu'une défense partie des hauteurs de la Citadelle serait impuissante à arrêter.

En présence d'un siége qui obligerait la ville à se mettre sur la défensive, ces fortifications seraient donc jugées insuffisantes, et l'on serait obligé de faire ce que la Russie a fait à Sébastopol, lorsque ses adversaires se disposèrent à en opérer le siége; car, il est aujourd'hui de notoriété que cette place n'a si longtemps résisté à l'ardeur victorieuse des Français que grâce à ces ouvrages avancés, élevés au début de l'attaque. Peu de temps avant, les armées alliées occupèrent les positions qui furent plus tard le Mamelon Vert et la Tour Malakoff, et qui alors n'avaient aucun caractère stratégique. On ferait ce que l'on a fait à Bayonne même, en 1814, lorsqu'en présence du débarquement des Anglais et des Portugais qui prirent possession des hauteurs environnant la ville, on établit des camps retranchés suivant les nécessités du moment. On ferait encore ce que Vienne se préparait elle-même à faire après la bataille de Sadowa, en disposant en avant de la ville des fortifications redoutables nécessaires au retranchement des troupes et à la défense de la capitale, lorsque la médiation de Napoléon III est venue arrêter l'effusion du sang et rendre la paix à l'Allemagne.

Pourquoi donc, puisque l'expérience du passé et celle du présent sont là pour montrer, en cas de guerre, la voie qu'il faudrait suivre, ne pas en profiter dans le but de concilier dors et déjà les exigences d'une éventualité éloignée dans l'avenir avec les convenances nécessaires au développement actuel de la cité? Ces fortifications que l'on jugerait indispensables le jour où l'ennemi serait annoncé dans la direction de la

mer ou vers la descente des Pyrénées ne pour-
raient-elles pas être préparées à l'avance entre
l'Adour et la Nive, le seul point qui semble au
premier coup d'œil le plus vulnérable et naturellement celui vers lequel se porterait l'attention
du chef militaire chargé de la garde du pays ?

L'établissement d'une nouvelle ligne de défense
créée suivant les besoins nouveaux de la tactique
en usage aujourd'hui et en vue des puissants
moyens destructeurs placés entre les mains de
l'homme par les inventions récentes, venant
mettre en correspondance les travaux avancés
de la Citadelle avec les fortifications en cours
d'exécution sur la rive droite de la Nive, per-
mettrait d'abandonner une partie, sinon la totalité
de cette ancienne enceinte que les plans nouveaux du Génie militaire condamneraient pro-
bablement.

Le déclassement et le renversement de ces fortifications jugées imparfaites donneraient alors
la faculté d'incorporer ou d'adjoindre à la ville
ce riche plateau qui, du nouveau quartier des
Allées-Marines, s'étend jusqu'aux hauteurs de
Saint-Léon.

L'ensemble de ces travaux favoriserait Bayonne

dans son essor comme ville de Plaisance, en facilitant l'établissement d'une population étrangère qui s'éloigne malgré les désirs qu'elle aurait de s'y fixer. Il viendrait en même temps redonner à cette cité son ancienne activité militaire. En présence des nécessités urgentes qu'il y aurait de la régénérer, c'est encore une question à laquelle il serait important de se rattacher.

Bayonne était autrefois, par sa position même de place forte et de ville frontière, un grand centre militaire. Il serait utile de le rappeler. Il y a quelques années, les troupes qui formaient l'effectif de la place, se composaient d'Infanterie, de Cavalerie, d'Artillerie, de Génie. Aujourd'hui il n'y a plus qu'un régiment d'Infanterie et encore il n'est pas au complet !

Ces troupes disséminées dans les divers quartiers ou groupées dans les casernes, non-seulement donnaient une animation qui favorisait le mouvement général de la ville, mais encore aidaient par leurs nombreux besoins aux transactions commerciales de la localité. L'agriculture surtout en profitait dans ses diverses branches, soit par ses fournitures de grains, de fourrages, de bestiaux, soit par les résultats qu'elle retrouvait dans l'agglomération constante d'une nombreuse Cavalerie.

Ce sont ces avantages réels qu'il faudrait reconquérir pour Bayonne et augmenter encore s'il était possible. Tout semble avoir été préparé dans ce but. Les conditions générales du pays sont favorables à tous les points de vue. L'Etat possède de nombreux terrains dans une heureuse situation et exceptionnels sous le rapport sanitaire. Sur ces terrains se trouvent disposés de vastes champs de manœuvre. De nouvelles casernes seraient facilement élevées à côté de celles qui existent déjà. La ville même pourrait trouver des combinaisons utiles qui, apportant une solution à diverses questions particulières toujours pendantes ou incertaines, offriraient en même temps des facilités pour le logement des troupes.

En réclamant pour son existence de Ville de Plaisance, Bayonne réclamerait également pour cette vie militaire qui lui était acquise par sa position stratégique et à laquelle il a droit par sa situation géographique.

Qu'il prenne donc à cœur cette grave question de son avenir. Qu'il s'aide un peu par lui-même, et Dieu, qui lui a si souvent accordé ses faveurs, viendra lui prodiguer encore de nouveaux bienfaits.

IMPRIMERIE ET LITH. DE P. LESPÉS, RUE CHEGARAY, 12.